Norah Custaud

Prières pour la Famille

Photo de couverture
Irina Murza
Sur Unsplash

PRIÈRES POUR LA FAMILLE

*Soyez toujours humbles, doux et patients.
Supportez-vous les uns les autres
avec amour.*
Éphésiens 4, 2

I

Dieu, de qui provient toute paternité dans le ciel et sur la terre, Père, Toi qui es Amour et Vie, fais que chaque famille humaine sur la terre devienne, par la médiation de ton Fils Unique, Jésus-Christ, né d'une femme et par l'action du Saint-Esprit d'où surgit la Charité divine, un vrai sanctuaire de la vie et de l'amour pour les générations qui s'y renouvellent sans cesse. Fais que ta Grâce guide les pensées et les œuvres des époux vers le bien de leur famille et de toutes les familles du monde. Fais que les jeunes générations trouvent dans les familles un fort soutien pour leur humanité et leur croissance dans la vérité et dans l'amour. Fais que l'amour, renforcé par ta Grâce du Sacrement de Mariage, se montre plus fort que toutes les faiblesses et toutes les crises à travers lesquelles nos

familles passent parfois. Fais-en fin de compte, nous Te le demandons par l'intercession de la Sainte Famille de Nazareth que l'Église qui est au milieu de toutes les nations de la terre puisse accomplir fructueusement Sa mission dans les familles et à travers les familles. Toi qui es la Vie, la Vérité et l'Amour dans l'unité du Fils et de l'Esprit.
Ainsi soit-il.

Pape Jean-Paul II

II

Jésus, Marie et Joseph en vous nous contemplons la splendeur de l'amour véritable, à vous nous nous adressons avec confiance.

Sainte Famille de Nazareth, fais aussi de nos familles des lieux de communion et des cénacles de prière, des écoles authentiques de l'Évangile et des petites Églises domestiques.

Sainte Famille de Nazareth, que jamais plus dans les familles on fasse l'expérience de la violence, de la fermeture et de la division : que quiconque a été blessé ou scandalisé connaisse rapidement consolation et guérison.

Sainte Famille de Nazareth, que le prochain Synode des Évêques puisse réveiller en tous la conscience du caractère sacré et inviolable de la

famille, sa beauté dans le projet de Dieu.
Jésus, Marie et Joseph écoutez-nous, exaucez notre prière.

Pape François

III

Père céleste, Vous nous avez donné en la Sainte Famille de Nazareth un Modèle de vie.

Ô Père aimant, aidez-nous à faire de notre famille un autre Nazareth où l'amour, la paix et la joie règnent.

Que nous puissions être profondément contemplatifs, intensément Eucharistiques et vibrants de joie.

Aidez-nous à rester unis dans la joie comme dans la peine grâce à la prière en famille.

Apprenez-nous à voir Jésus dans les membres de notre famille, spécialement dans les moments douloureux.

Faites que le Cœur Eucharistique de Jésus rende nos cœurs doux et humbles comme le Sien et qu'Il nous aide à accomplir saintement nos devoirs familiaux.

Que nous nous aimions les uns et les autres comme Dieu aime chacun de nous, de plus en plus chaque jour, et que nous nous pardonnions nos offenses comme Vous pardonnez nos péchés.

Ô Père aimant, aidez-nous à recevoir tout ce que Vous nous envoyez et à donner généreusement tout ce que Vous demandez avec un grand sourire.
Cœur Immaculée de Marie, cause de notre joie, priez pour nous.

Saint Joseph, priez pour nous.
Saint Anges gardiens, soyez toujours avec nous, guidez-nous et protégez-nous. Amen

Mère Teresa de Calcutta

IV

Saint Yves, protège notre foyer.
Toi, l'ami des pauvres, garde notre porte ouverte à tous ceux qui ont besoin d'amour.

Toi le fils obéissant, donne aux enfants d'être généreux et attentifs aux autres.
Toi le secours de ceux qui te prient, affermis l'union de notre couple dans le sacrement du mariage.

Obtiens-nous la grâce de la reconnaissance pour tant de bonheur reçu, la grâce de la fidélité dans les attentions de chaque jour, la grâce de la patience dans les épreuves, la joie des retrouvailles dans le Seigneur, lorsque la mort nous séparera. Amen

Saint Yves

V

Ô sainte Rita, nous nous confions à ton intercession auprès de Dieu. Toi qui as vécu comme épouse, aide nos familles à retrouver sans cesse la source de l'amour, de la fidélité et de la paix; toi qui as eu la joie de vivre la maternité, éclaire nos jeunes pour qu'ils apprennent à vivre selon l'Évangile et qu'ils persévèrent dans la recherche de la vérité; toi qui as vécu la douleur du veuvage, enseigne-nous à pardonner les offenses reçues et console ceux qui sont dans la souffrance; toi qui t'es offerte sans réserve à la suite du Maître et qui as porté en ton cœur et sur ton front les marques de sa Passion, nourris en nous le désir d'une vie chrétienne cohérente, pour que nous puissions grandir dans l'amour de Dieu et en témoigner avec joie à nos frères. Amen

VI

Ô saint Benoît et sainte Scholastique, vous étiez frère et sœur, et vous êtes parvenus tous deux à la sainteté. Vous souvenant de votre amitié fraternelle, daignez venir en aide à nos familles, afin qu'elles soient unies comme vous dans une même foi et un même amour de Dieu, et deviennent des foyers de sainteté. Par les mérites de votre vie entièrement consacrée au Christ, obtenez-nous de suivre le chemin de l'Évangile dans la fidélité à l'Église, et de chercher Dieu ensemble, par la pratique religieuse et la prière en commun. Qu'à votre exemple nos familles prient beaucoup, pour progresser dans l'unité et l'amour. Aidez-nous à vivre dans l'estime et le respect mutuel, en voyant le Christ Jésus en chacun de nos proches. Rendez-nous plus généreux à pardonner, plus attentifs à écouter, plus ouverts pour accueillir. Que nous conservions la paix par la charité. Vous dont le cœur était si compatissant, réconfortez les familles en difficulté, celles qui sont éprouvées par le chômage, la maladie, ou la perte d'êtres chers. Secourez les conjoints séparés, les enfants non aimés, les parents délaissés. Protégez les jeunes, préservez les vocations. Veillez à la sécurité de nos foyers, et implorez la paix pour toutes les familles du monde. Soyez près de nous à l'heure de notre mort, avec Jésus, Marie et Joseph, et obtenez-nous de nous ouvrir à la miséricorde de Dieu, afin qu'il nous donne la grâce de nous retrouver ensemble dans la demeure du ciel, pour vivre éternellement heureux avec lui, notre Père très bon, et son Fils, le Christ Jésus notre Frère, et leur Esprit d'amour. Amen

VII

Ô Très Aimant Jésus, qui, par Vos ineffables Vertus et par Vos exemples de vie domestique, avez consacré la Famille que Vous aviez choisie sur la terre, daignez regarder avec bonté notre famille qui, agenouillée à Vos pieds, Vous supplie de lui être favorable. Souvenez-Vous que cette famille Vous appartient, puisqu'elle Vous a été particulièrement consacrée et dévouée. Dans Votre bonté, protégez-la, retirez-la des dangers, aidez-la dans ses épreuves, accordez-lui la force de toujours persévérer dans l'imitation de Votre sainte Famille, afin qu'après avoir été fidèle à Vous obéir et à Vous aimer pendant sa vie mortelle, elle puisse enfin Vous louer éternellement dans le Ciel. Marie, très douce Mère, nous implorons votre Secours, certains que Votre divin Fils unique exaucera Vos prières. Et Vous aussi, très glorieux Patriarche Saint Joseph, accordez-nous Votre puissant secours, et par les mains de Marie, présentez nos prières à Jésus-Christ. Ainsi soit-il.

                        Pape Léon XIII

VIII

Jetez un Regard, ô Père Très Clément, sur Votre famille, que Vous avez rachetée par le Très Précieux Sang de votre Fils, Notre Seigneur Jésus-Christ, et envoyez du haut du ciel votre Esprit-Saint sur la terre pour illuminer tous les cœurs. Aujourd'hui nous Vous recommandons, ô mon Dieu, tous ceux qui nous sont unis par l'amour : soyez notre appui à tous et maintenez-nous dans Votre service jusqu'à la fin de cette vie. Dilatez en nous la Charité et la Paix. Chassez de nos cœurs l'envie et toute volonté mauvaise, afin que nous n'ayons tous qu'un seul cœur et une seule voix pour louer Votre saint Nom. Paix et Concorde, voilà ce que nous Vous demandons ; mais surtout conduisez nous à l'éternelle Vie.
Ainsi soit-il.

                              Pape Célestin V

IX

Ô Cœur de Jésus, Toi qui T'es consacré au Père par Amour pour nous, nous voulons, dans le Souffle de Ton Esprit Saint, nous consacrer à Toi par amour pour Toi ; Te consacrer nos vies et nos familles, les enfants que le Père nous a donnés et ceux qu'il voudrait nous donner encore. Nous Te consacrons nos maisons, notre travail et nos gestes les plus simples. Nous Te consacrons nos épreuves et nos joies pour que l'amour dont Tu nous as aimés nous garde en Toi et demeure en nous à jamais ; pour que le Feu de Ton amour embrase le monde entier et que les fleuves d'eau vive de Ton Cœur jaillissent jusqu'en vie éternelle.
Ainsi soit-il.

                  Thomas von Kempen

X

Ô Nazareth, enseigne-nous ce qu'est la famille, sa communion d'amour, son austère et simple beauté, son caractère sacré et inviolable : Nazareth est l'école où l'on commence à comprendre la vie de Jésus : l'école de l'Évangile. Une leçon de silence d'abord. Que renaisse en nous l'estime du silence, cette admirable et indispensable condition de l'esprit ; en nous qui sommes assaillis par tant de clameurs, de tracas et de cris dans notre vie moderne bruyante et hyper sensibilisée.

Ô silence de Nazareth, enseigne-nous le recueillement, l'intériorité, la disposition à écouter, les bonnes inspirations et les paroles des vrais maîtres ; enseigne-nous le besoin et la valeur des préparations, de l'étude, de la méditation, de la vie personnelle et intérieure, de la prière que Dieu seul voit dans le secret.

Que Nazareth nous enseigne ce qu'est la famille, sa communion d'amour, son austère et simple beauté, son caractère sacré et inviolable.
Ainsi soit-il.

Pape Paul VI

XI

Seigneur, Dieu de bonté et de miséricorde, qui, dans le monde du mal et du péché, avez offert la Sainte-Famille de Nazareth à la société des âmes rachetées, comme un très pur exemple de piété, de justice et d'amour, voyez combien la Famille est aujourd'hui attaquée de toutes parts, et combien tout conspire à la profaner, en lui arrachant la foi, la religion et les bonnes mœurs. Secourez, Seigneur, l'œuvre de vos mains.

Protégez dans nos foyers les vertus domestiques, elles sont l'unique garantie de concorde et de paix. Venez et suscitez les défenseurs de la famille.
Suscitez les apôtres des temps nouveaux qui, en votre nom, grâce au message de Jésus-Christ et à la sainteté de leur vie, rappellent les

époux à la fidélité, les parents à l'exercice de l'autorité, les enfants à l'obéissance, les jeunes filles à la modestie, les esprits et les cœurs de tous à l'estime et à l'amour de la maison bénie par vous.

Que la famille chrétienne restaurée, en Jésus-Christ, suivant les exemples du divin Modèle de Nazareth, retrouve son visage ; que tout nid familial redevienne un sanctuaire : que dans tout foyer se rallume la flamme de la foi qui aide à supporter les adversités avec patience et la prospérité avec modération, en même temps qu'elle dispose toutes choses dans l'ordre et dans la paix.

Sous votre regard paternel, ô Seigneur, sous la garde de votre Providence et sous l'heureux patronage de Jésus, Marie et de Joseph, la famille sera un asile de vertus, une école de sagesse, elle sera un repos dans les rudes fatigues de la vie, un témoignage des promesses du Christ.

À la face du monde, elle vous rendra gloire, à vous, Père, et à votre Fils Jésus, jusqu'au jour où, avec tous ses membres, elle chantera vos louanges dans les siècles des siècles.
Ainsi soit-il.

Pie XII

XII

Père, nous nous tournons vers toi et te rendons grâce pour les parents et pour leurs enfants, pour le don de la vie et pour l'amour dont tu les aimes chacun personnellement. Nous voulons te dire notre confiance que tu es auprès d'eux en ce moment de grande souffrance et que tu les assistes d'une manière que nous ne connaissons pas.

Seigneur Jésus, que ton sang béni lave, purifie et restaure toutes les relations brisées et abîmées. Guéris leurs mémoires de toutes les paroles dures et injustes et les cœurs de tout sentiment d'insécurité, d'abandon et de trahison.

Esprit-Saint, conduis chacun sur un chemin de vérité, de liberté et d'amour. Nous te demandons d'agir avec puissance dans chacune de leurs vies.

Notre-Dame des tout-petits, toi qui veilles avec tendresses sur nos familles, nous te demandons aujourd'hui encore de prier pour toute notre famille.

Moniales dominicaines d'Estavayer

XIII

Louis et Zélie, nous venons aujourd'hui auprès de vous, comme le faisaient vos enfants, pour nous laisser enseigner par votre amour du « bon Dieu » en toutes circonstances, votre confiance en l'Église et votre grande charité envers tous.

Nous vous recommandons en particulier notre couple et notre famille.
Apprenez-nous à nous aimer tous les deux fidèlement et profondément.
Aidez-nous à élever chacun de nos enfants avec tendresse, sagesse et patience afin qu'ils vivent en chrétiens et répondent à leur vocation personnelle.

Fortifiez-nous pour que nous accomplissions notre travail professionnel selon les valeurs et les exigences de l'Évangile.

Intercédez pour nous, afin qu'à votre exemple, nous restions toujours unis à travers les joies et les épreuves de la vie et que nous grandissions chaque jour dans la foi et la confiance en Dieu.

Gardez-nous dans l'espérance du Ciel qui ne vous a jamais quittés.
Louis et Zélie, priez pour nous ! Amen

XIV

Ô sainte famille de Nazareth, communauté d'amour de Jésus, Marie et Joseph, modèle et idéal de toute famille chrétienne, à toi nous confions nos familles.

Ouvre le cœur de chaque foyer à la Foi, à l'accueil de la Parole de Dieu, au témoignage chrétien, pour qu'il devienne une source de nouvelles et saintes vocations.

Dispose l'esprit des parents, afin que, avec une prompte charité, une sagesse dévouée et une tendre piété, ils soient pour leurs enfants des guides sûrs vers les biens spirituels et éternels.

Suscite dans l'âme des jeunes une conscience droite et une volonté libre, pour que, croissant en sagesse, en âge et en grâce, ils accueillent généreusement le don de la vocation divine.

Fais que nous tous, contemplant et imitant la prière assidue, l'obéissance généreuse, la pauvreté digne et la pureté virginale vécues en ton sein, nous nous disposions à accomplir la volonté de Dieu.
Ainsi soit-il.

Pape Jean-Paul II

XV

Saint Maximilien Kolbe, toi qui as donné ta vie pour un père de famille, renouvelle nos familles. Patron des couples et des familles, fais que les couples s'aiment réciproquement, qu'ils vivent dans la fidélité jusqu'à la mort, que les maris respectent la dignité de leurs épouses. Dis à nos couples de ne pas chercher leur propre intérêt dans le divorce, l'adultère, l'avortement, le plaisir ou l'argent, mais montre-leur que le véritable bonheur se trouve dans la charité réciproque. Apprends à tous à être généreux et persévérants dans la prière, à observer les commandements et à vivre dans la grâce sanctifiante. Amen

XVI

Père, nous te remercions pour notre famille. Merci pour les moments de rire, d'apprentissage, et pour les moments de larmes et d'échecs qui remplissent parfois cette maison.

Seigneur, nous t'invitons dans notre maison. Enseigne-nous et enracine-nous dans votre Parole. Puissions-nous vous honorer par nos actions et par nos paroles.

Puissions-nous nous soutenir les uns et les autres selon ton amour, et te glorifier durant toute notre vie.
Amen

XVII

Seigneur, aide mes enfants à être reconnaissants les uns envers les autres.

Que notre famille reste soudée et continue à s'aimer mutuellement.

Qu'elle mène une vie fondée sur le respect, l'écoute et l'aide permanents.

Que nous grandissions ensemble dans une famille emplie de gratitude et d'amour.

XVIII

Mère de la Sainte Église, Mère des Familles, à l'exemple de nos pères qui t'ont vénérée depuis longtemps dans ton sanctuaire de Makow, nos familles se consacrent à ton Cœur Immaculé.

Obtiens de ton Fils la bénédiction pour chaque jour de notre vie. Dans la joie comme dans la croix, fortifie notre foi et aide-nous pour qu'un jour nous soyons auprès de Toi.

Épouse de l'Esprit-Saint,
Fille bien-aimée du Père,
Mère du Fils de Dieu,
Mère de l'Église, aide-nous à rester unis à ton Cœur Immaculé, maintenant et toujours.
Amen

XIX

Ô Dieu, Père bon et miséricordieux, toi qui as choisi saint Antoine comme témoin de l'Évangile et messager de paix dans ton peuple, écoute la prière que nous t'adressons par son intercession.

Sanctifie chaque famille, aide-la à grandir dans la foi ; garde en elle l'unité, la paix et la sérénité. Bénis nos enfants, protège les jeunes. Apporte ton secours à ceux qui souffrent de la maladie, de la souffrance et de la solitude.

Soutiens-nous dans les fatigues de chaque jour, en nous donnant ton amour.

Amen

XX

Seigneur fait briller ta lumière sur ma famille. Donne-nous la force de surmonter toutes les difficultés auxquelles nous faisons face actuellement et protège-nous contre tous les problèmes que nous pourrons rencontrer dans le futur.

Que l'amour qui nous lie devient plus fort alors même que nous accomplissons le destin que tu as établi pour nous.

Bénis-nous Seigneur, et accorde à notre famille la force pour que nous nous pardonnions même si cela, est parfois difficile.
Amen

XXI

Seigneur, nous te remercions pour notre famille. Éclaire nos cœurs et nos esprits afin que nous puissions vivre pleinement cette vocation d'amour dans notre vie quotidienne et au travail. Puissions-nous refléter l'amour généreux que tu partages éternellement avec ton Fils et le Saint-Esprit.

Que ton amour soit évident par la paix qui règne dans notre maison et dans la foi que nous professons et que nous vivons. Que notre famille soit toujours un lieu de générosité, de compréhension, de pardon et de joie.

Donne-nous la sagesse et le courage afin que nous soyons les témoins de ton dessein éternel dans la famille. Et que la sainte famille de Nazareth nous conduise vers la sainteté.

Nous te prions Seigneur, avec ton Fils, Jésus-Christ, qui vit et règne avec toi dans l'unité du Saint-Esprit, un seul Dieu pour toujours et à jamais. Amen

Archevêque William E. Lori

XXII

Seigneur, nous te remercions pour les bénédictions de ce jour, et pour ce temps ensemble en famille.

Nous te remercions pour ce merveilleux repas et pour ce temps que nous partageons. Aide-nous à nous souvenir de ceux qui ont tellement moins que nous.

Bénis-nous en tant que famille. Aide-nous à grandir dans l'amour et à prendre soin les uns des autres.

Nous te demandons de réconforter et de donner la force et la sérénité à ceux qui sont malades ou qui luttent de quelque manière que ce soit.
Amen

XXIII

Cœur Sacré de Jésus,
Source de tout Amour,
Nous plaçons devant Toi nos familles, éprouvées ou heureuses, avec leur beauté et leurs blessures.

Apprends-nous à nous garder les uns les autres dans l'amour, à prendre soin de chacun, spécialement des enfants, des personnes âgées, de celles qui sont plus fragiles et qui souvent sont dans la périphérie de notre cœur.

Apprends-nous à prendre soin l'un de l'autre dans la famille :
Pour les époux, de se garder réciproquement,
Pour les parents, de prendre soin des enfants,
Et pour les enfants, avec le temps, de devenir aussi les gardiens des parents.

Que nous soyons les gardiens des dons de Dieu !

Accorde-nous Seigneur, de rendre devant le monde le témoignage d'une vie ordinaire assumée dans l'amour, portée dans l'amour, et fécondée par l'amour.

Donne-nous de mettre toute notre expérience familiale sous le sceau de l'Évangile, pour manifester tel que Dieu nous l'a montré que l'amour est indéfectible et perpétuel comme son Alliance.
Amen

© 2020, Custaud, Norah
Edition : Books on Demand,
12/14 rond-Point des Champs-Elysées, 75008 Paris
Impression : BoD - Books on Demand, Norderstedt, Allemagne
ISBN : 9782322254484
Dépôt légal : novembre 2020